D1696137

Christus
mein Freund

Papst Benedikt XVI. antwortet auf Fragen von Erstkommunionkindern

*für Miriam
von Oma u. Opa*

VCF VERLAG CHRISTLICHE FAMILIE

Text © Libreria Editrice Vaticana, Vatikanstadt
Bildnachweis: Umschlagbild, S. 3, 5, 9: Stefano Spaziani
Alle anderen Bilder: Servizio Fotografico dell' Osservatore Romano

© 2007 Verlag Christliche Familie GmbH
Alle Rechte vorbehalten
ISBN 978-3-939168-06-5
Druck: Ludwig Auer GmbH, Donauwörth
Printed in Germany
Zu bestellen beim Sankt Ulrich Verlag GmbH, Augsburg,
Tel.: 08 21/5 02 42 89
Email: info@christliche-familie.de
www.verlag-christliche-familie.de

Lieber Papst, erinnerst du dich an den Tag deiner Erstkommunion?

Zunächst einmal möchte ich danken für dieses Fest des Glaubens, das ihr mir bietet, für eure Anwesenheit und eure Freude. Ich grüße euch und danke für die Umarmung mit einigen von euch, eine Umarmung, die natürlich in symbolischer Weise euch allen gilt.

Nun zu deiner Frage: Ich erinnere mich gut an den Tag meiner Erstkommunion. Es war an einem schönen Sonntag im März 1936, also vor 69 Jahren. Es war ein sonniger Tag, die Kirche war schön geschmückt; ich erinnere mich an die Musik und viele andere schöne Dinge. Wir waren ungefähr 30 Buben und Mädchen aus unserem kleinen Dorf mit rund 500 Einwohnern. Aber im Mittelpunkt meiner frohen und schönen Erinnerungen steht der Gedanke – dasselbe wurde schon von eurem Sprecher gesagt –, dass ich begriffen habe, dass Jesus in mein Herz gekommen ist, dass

er ausgerechnet mich besucht hat und dass durch Jesus Gott selbst in mir ist. Und dass das ein Geschenk der Liebe ist, das wirklich einen höheren Wert hat als alles andere, was uns vom Leben geschenkt werden kann.

So war ich wirklich von einer überaus großen Freude erfüllt, weil Jesus zu mir gekommen ist. Ich habe begriffen, dass jetzt ein neuer Lebensabschnitt für mich begann: Ich war neun Jahre alt, und nun war es wichtig, dieser Begegnung, dieser Kommunion treu zu bleiben. Ich habe dem Herrn, so gut ich konnte, versprochen: „Ich möchte immer mit dir sein." Und ich habe ihn gebeten: „Aber vor allem sei du mit mir." So bin ich meinen Lebensweg gegangen. Der Herr hat mich, Gott sei Dank, immer an die Hand genommen, auch in schwierigen Situationen.

Und so war diese Freude der Erstkommunion der Anfang eines gemeinsamen Weges.

Ich hoffe, dass auch für euch die erste heilige Kommunion, die ihr im „Jahr der Eucharistie" empfangen habt, der Beginn einer lebenslangen Freundschaft mit Jesus wird, der Anfang eines gemeinsamen Weges, denn wenn wir mit Jesus gehen, schreiten wir voran, und das Leben wird gut.

Heiliger Vater,
vor meiner Erst-
kommunion habe
ich gebeichtet.
Ich habe dann
öfter gebeich-
tet. Aber ich
möchte dich
fragen:
Muss ich jedes
Mal beichten,
bevor ich zur
Kommunion
gehe? Auch
wenn ich die-
selben Sünden
begangen habe?
Denn ich merke,
dass es immer
dieselben sind.

Ich möchte zwei Dinge sagen: Erstens, natürlich musst du vor der Kommunion nicht jedes Mal beichten, solange du keine schweren Sünden begangen hast, die man beichten muss. Es ist also nicht notwendig, vor jeder heiligen Kommunion zu beichten. Das ist der erste Punkt. Es ist nur in dem Fall notwendig, wenn du wirklich eine schwere Sünde begangen hast, wenn du Jesus schwer beleidigt hast, so dass die Freundschaft in die Brüche gegangen ist und du wieder neu anfangen musst. Nur in diesem Fall, wenn man in „Todsünde", das heißt, in schwerer Sünde lebt, ist es notwendig, vor dem Kommunionempfang zu beichten. Das ist der erste Punkt.

Der zweite: Wie ich bereits sagte, ist es nicht notwendig, vor jedem Kommunionempfang zu beichten, aber es ist nützlich, regelmäßig zu beichten. Ja, es stimmt, unsere Sünden sind meistens

die gleichen, aber wir putzen ja auch
unsere Wohnung, unser Zimmer, we-
nigstens einmal in der Woche, obwohl

der Schmutz immer der gleiche ist, damit wir es sauber haben – sonst sammelt sich der Schmutz an, auch wenn man ihn vielleicht nicht sieht. Ähnliches gilt auch für die Seele, für mich selbst.

Wenn ich nie beichte, wird die Seele vernachlässigt, und am Ende bin ich immer zufrieden mit mir und weiß nicht mehr, dass ich mich bemühen muss, besser zu werden und fortzuschreiten. Und diese Reinigung der Seele, die Jesus uns im Bußsakrament schenkt, hilft uns, ein waches, empfängliches Gewissen zu haben und auch in geistlicher Hinsicht als menschliche Person zu reifen.

Also zwei Dinge: Nur im Fall einer schweren Sünde ist es notwendig zu beichten. Aber es ist sehr nützlich, regelmäßig zu beichten, um die Reinheit, die Schönheit der Seele zu pflegen und nach und nach im Leben zu reifen.

Lieber Papst, meine Katechetin hat mir bei der Vorbereitung auf die Erst- kommunion gesagt, dass Jesus in der Eucharistie gegenwärtig ist. Aber wie? Ich sehe ihn ja nicht!

Ja, wir sehen ihn nicht, aber es gibt viele Dinge, die wir nicht sehen, die aber doch existieren und wesentlich sind. Wir sehen zum Beispiel unsere Vernunft nicht, und doch sind wir mit Vernunft begabt. Wir sehen unseren Verstand nicht, und doch haben wir ihn. Wir sehen, mit einem Wort gesagt, unsere Seele nicht, und doch existiert sie. Wir sehen aber die Wirkungen, denn wir können sprechen, denken, entscheiden usw. Wir sehen zum Beispiel auch den elektrischen Strom nicht, und doch sehen wir, dass es ihn gibt, denn wir sehen, wie dieses Mikrofon funktioniert; wir sehen die Lichter. Mit einem Wort: Gerade die tiefsten Dinge, die wirklich das Leben und die Welt stützen, sehen wir nicht, aber wir können die Wirkungen sehen und fühlen.

Die Elektrizität, den elektrischen Strom sehen wir nicht, aber wir sehen das Licht. Und so fort. Und deshalb sehen wir auch den auferstandenen Herrn nicht mit unseren Augen, aber wir sehen, dass dort, wo Jesus ist, die Menschen sich ändern, dass sie sich bessern. Es entsteht eine größere Fähigkeit zu Frieden und Versöhnung ... Wir sehen also nicht den Herrn selbst, aber wir sehen die Wirkungen. So können wir erkennen, dass Jesus gegenwärtig ist. Gerade die unsichtbaren Dinge sind die tiefsten und wichtigsten, wie ich sagte. Also gehen wir diesem unsichtbaren, aber starken Herrn entgegen, denn er hilft uns, dass unser Leben gelingt.

Heiligkeit, alle sagen uns, dass es wichtig ist, am Sonntag zur Messe zu gehen. Wir würden gerne gehen, aber oft begleiten uns unsere Eltern nicht, weil sie am Sonntag ausschlafen wollen. Der Papa und die Mama von einem Freund arbeiten in einem Geschäft, und wir fahren oft unsere Großeltern besuchen.

Ja, ich möchte es tun: Natürlich voller Liebe und Achtung gegenüber den Eltern, die sicher viel zu tun haben. Aber mit dem Respekt und der Liebe einer Tochter könnte man sagen: „Liebe Mama, lieber Papa, es wäre für uns alle, auch für dich so wichtig, Jesus zu begegnen. Es würde uns bereichern, es wäre ein wichtiges Element in unserem Leben. Nehmen wir uns Zeit dazu, wir werden doch eine Möglichkeit finden."

Ich möchte damit sagen, dass man liebevoll und respektvoll zu den Eltern sagen könnte: „Versteht doch, das ist nicht nur für mich wichtig, das sagen nicht nur die Katecheten, es ist für uns alle wichtig; und es wird den Sonntag in unserer Familie mit Licht erfüllen."

Kannst du ihnen nicht etwas sagen, damit sie verstehen, wie wichtig es ist, jeden Sonntag gemeinsam zur Messe zu gehen?

Heiliger Vater, was nützt es im Alltagsleben, wenn man zur heiligen Messe geht und die Kommunion empfängt?

Es dient dazu, die Mitte des Lebens zu finden. Wir sind in unserem Leben von so vielen Dingen umgeben. Und die Menschen, die nicht in die Kirche gehen, wissen nicht, dass ihnen gerade Jesus fehlt. Aber sie fühlen, dass in ihrem Leben etwas fehlt.

Wenn Gott in meinem Leben nicht gegenwärtig ist, wenn Jesus aus meinem Leben ausgeschlossen ist, dann fehlt mir ein Führer, mir fehlt eine wesentliche Freundschaft, mir fehlt auch die Freude, die sehr wichtig ist im Leben. Auch die Kraft, als Mensch zu wachsen, meine Fehler zu überwinden und menschlich zu reifen.

Also, wenn wir zur Kommunion gehen und Jesus begegnen, sehen wir nicht sofort die Wirkung. Man sieht sie mit der Zeit. So wie man im Lauf der Wochen und Jahre immer stärker Gottes Abwesenheit, Jesu Abwesenheit spürt. Es ist

eine grundlegende und zerstörerische Lücke. Ich könnte jetzt leicht von den Ländern sprechen, in denen jahrelang der Atheismus geherrscht hat, wie er die Seelen und auch das Land verwüstet hat. Da können wir sehen, dass es wichtig, ja, ich würde sagen, grundlegend ist, sich in der Kommunion von Jesus zu nähren. Denn er ist es, der uns Licht schenkt, der uns in unserem Leben führen will; er ist ein Führer, den wir dringend brauchen.

Lieber Papst, kannst du uns sagen, was Jesus gemeint hat, als er zu den Leuten, die ihm folgten, sagte: „Ich bin das Brot des Lebens"?

Vielleicht müssen wir erst einmal klären, was das Brot ist. Wir besitzen heute eine ausgefeilte Küche, reich an den unterschiedlichsten Speisen, aber in einfachen Verhältnissen ist das Brot die Ernährungsgrundlage, und wenn Jesus sich als das Brot des Lebens bezeichnet, dann ist das Brot sozusagen das Markenzeichen, die Abkürzung für die ganze Ernährung. Und wie wir uns körperlich ernähren müssen, um leben zu können, so bedürfen auch der Geist, die Seele, der Wille in uns einer Nahrung. Als menschliche Personen haben wir nicht nur einen Leib, sondern auch eine Seele; wir sind denkende Personen mit einem Willen, einem Verstand, und wir müssen auch den Geist, die Seele nähren, damit sie reifen können und wirklich zur Vollendung gelangen.

Wenn also Jesus sagt: „Ich bin das Brot des Lebens", dann heißt das, dass Jesus selbst diese Nahrung für unsere Seele, für den inneren Menschen, ist, derer wir bedürfen, denn auch die Seele muss sich nähren. Die technischen Dinge, die zwar sehr wichtig sind, genügen nicht. Wir brauchen gerade diese Freundschaft Gottes, die uns hilft, die richtigen Entscheidungen zu treffen. Wir müssen menschlich reif werden. Mit anderen Worten: Jesus nährt uns, damit wir wirklich als Personen reifen und unser Leben gut wird.

Heiliger Vater, uns wurde gesagt, dass wir heute eine eucharistische Anbetung machen. Was ist das? Wie macht man das? Kannst du uns das erklären? Danke.

Also, was die Anbetung ist und wie man sie macht, das werden wir gleich sehen, denn alles ist schon vorbereitet: Wir werden beten, wir werden singen, wir werden niederknien und so vor Jesus sein. Aber deine Frage verlangt eine ausführlichere Antwort. Es geht nicht nur darum, wie man sie macht, sondern was sie ist.

Ich würde sagen: Anbetung ist, wenn ich erkenne, dass Jesus mein Herr ist, dass Jesus mir zeigt, welchen Weg ich gehen soll, und mich verstehen lässt, dass ich nur dann gut lebe, wenn ich den von ihm gewiesenen Weg kenne und diesem Weg, den er mir zeigt, auch folge. Anbeten heißt zu sprechen: „Jesus, ich bin dein, und ich folge dir in meinem Leben. Ich möchte diese Freundschaft, diese Gemeinschaft mit dir nie verlieren." Ich könnte auch sagen, dass die Anbetung hauptsächlich eine Umarmung mit Jesus ist, wo ich

sage: „Ich bin dein, und ich bitte dich, sei
auch du immer bei mir."

Mein
Ministrantenbuch

>> Liebe Ministrantinnen und Ministranten, als Ministranten seid ihr schon jetzt Apostel Jesu! Wenn ihr an der heiligen Liturgie teilnehmt und euren Dienst am Altar leistet, ist das ein Zeugnis vor allen. Eure gesammelte Haltung, eure Frömmigkeit, die aus dem Herzen kommt und sich in den äußeren Gesten zeigt, euer Singen, eure liturgischen Antworten: Wenn ihr das recht und nicht bloß irgendwie zerstreut macht, dann ist es ein Zeugnis, das die Menschen anrührt. <<

Papst Benedikt XVI.

Kart. , 88 Seiten,
ISBN 978-3-939168-05-8